TRAITÉ PRATIQUE

DES

CHEMINS DE FER,

DE NICHOLSON WOOD.

TRADUIT DE L'ANGLAIS (DEUXIÈME ÉDITION)

PAR MM. DE MONTRICHER ET DE FRANQUEVILLE, INGÉNIEURS DES PONTS ET CHAUSSÉES;

ET

DE RUOLZ.

PLANCHES.

A PARIS,

CHEZ CARILIAN-GOEURY, ÉDITEUR-LIBRAIRE

DES CORPS ROYAUX DES PONTS ET CHAUSSÉES ET DES MINES,

QUAI DES AUGUSTINS, N°. 41.

1834.

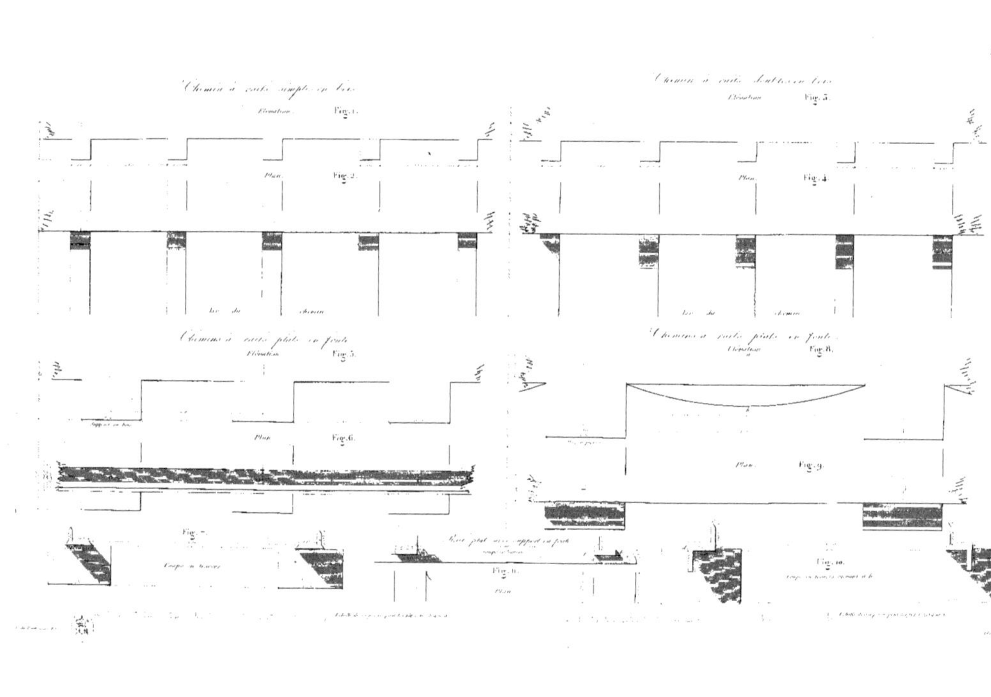

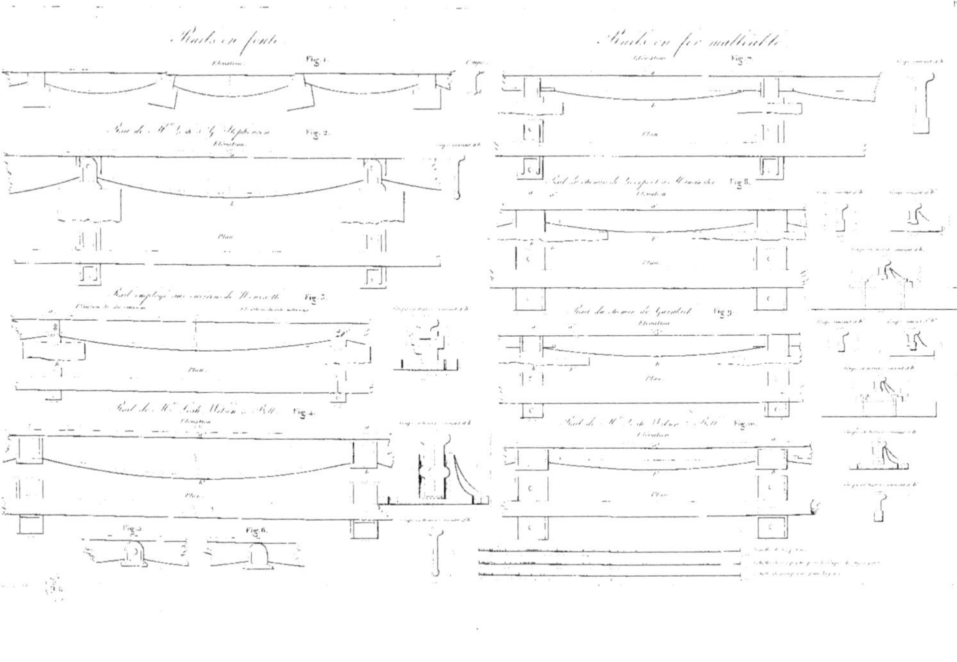
Rails en fonte
Rails en fer malléable
Fig. 1.
Fig. 2.
Fig. 3.
Fig. 4.
Fig. 5.
Fig. 6.
Fig. 7.
Fig. 8.
Fig. 9.
Fig. 10.
Élévation
Plan

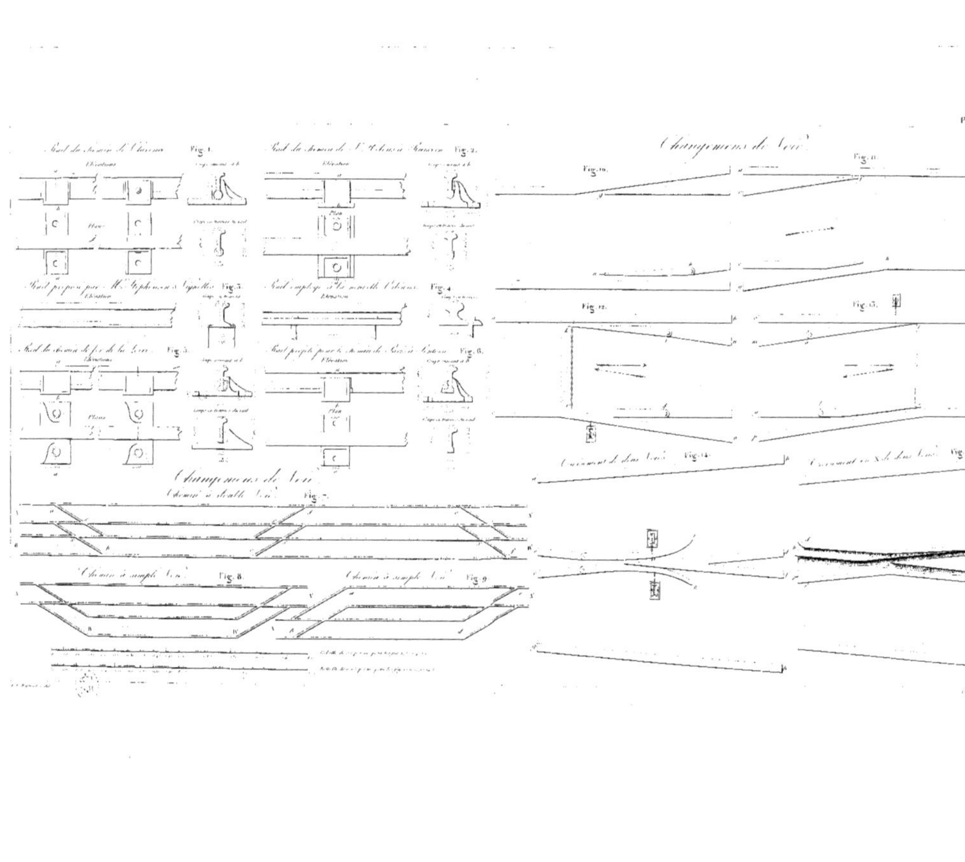

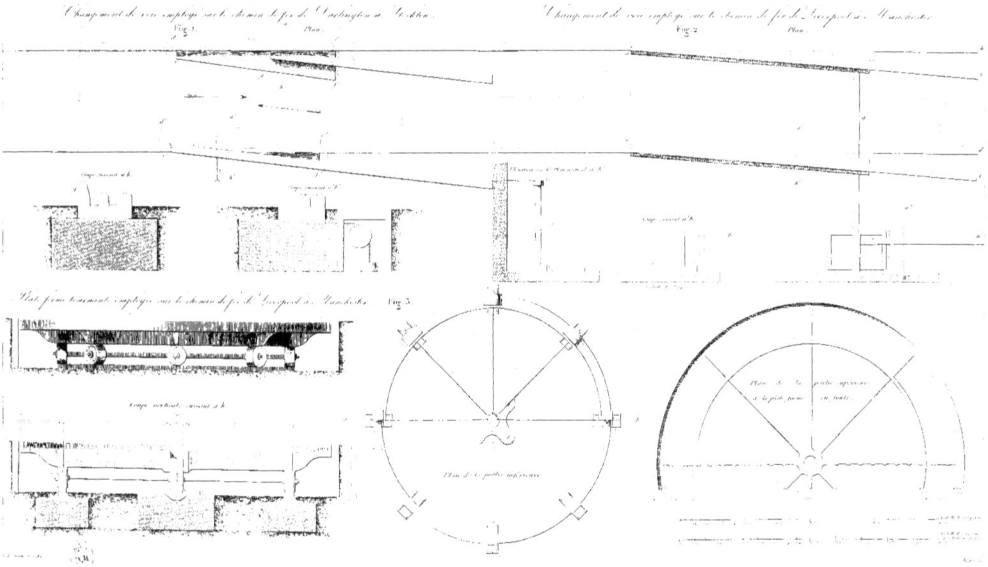

Changement de voie employé sur le chemin de fer de Darlington à Stockton.

Fig. 1. Plan.

Coupe suivant a b.

Coupe suivant a' b'.

Changement de voie employé sur le chemin de fer de Liverpool à Manchester.

Fig. 2. Plan.

Coupe suivant a b.

Plate-forme tournante employée sur le chemin de fer de Liverpool à Manchester. Fig. 3.

Coupe verticale suivant a b.

Plan de la partie inférieure.

Plan de la partie supérieure de la plate-forme en fonte.

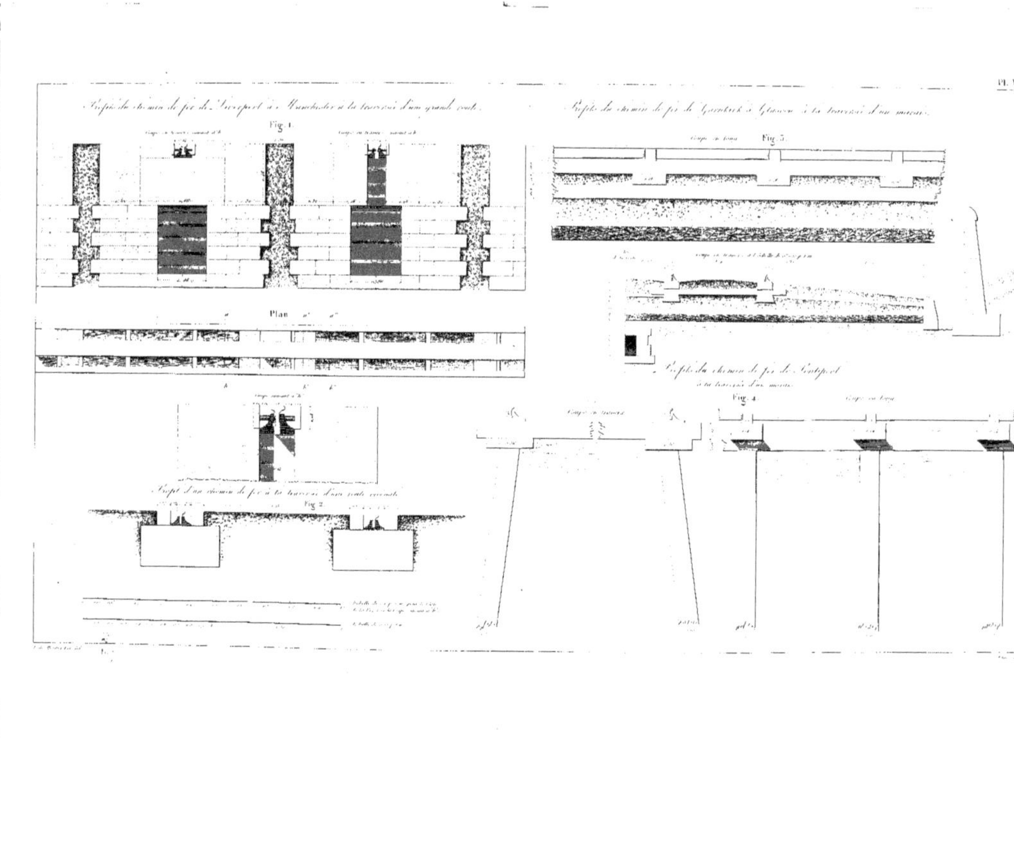
Pl. V.
Fig. 1.
Plan
Fig. 2.
Fig. 3.
Fig. 4.

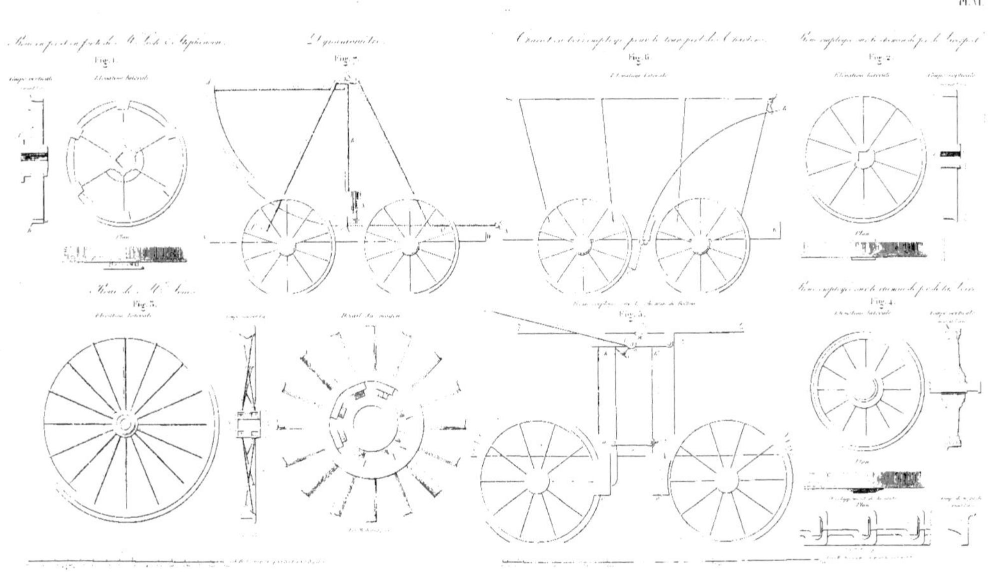

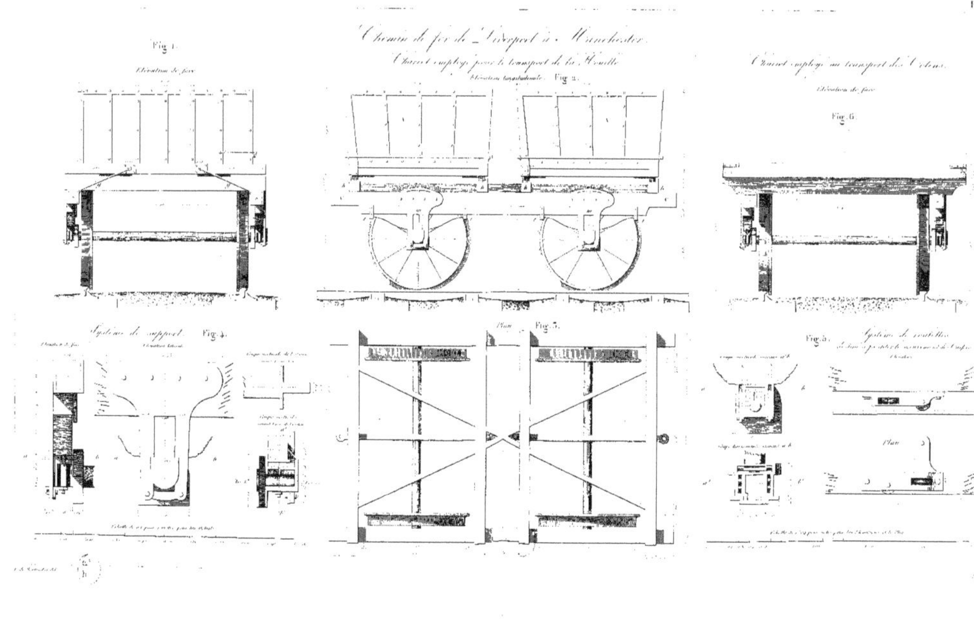
Pl. VII.
Chemin de fer de Liverpool à Manchester.
Chariot employé pour le transport de la Houille
Chariot employé au transport des Cotons.
Fig. 1.
Élévation de face
Élévation longitudinale. Fig. 2.
Élévation de face
Fig. 6.
Système de support. Fig. 4.
Plan Fig. 3.
Fig. 5. Système de roulettes
Plan

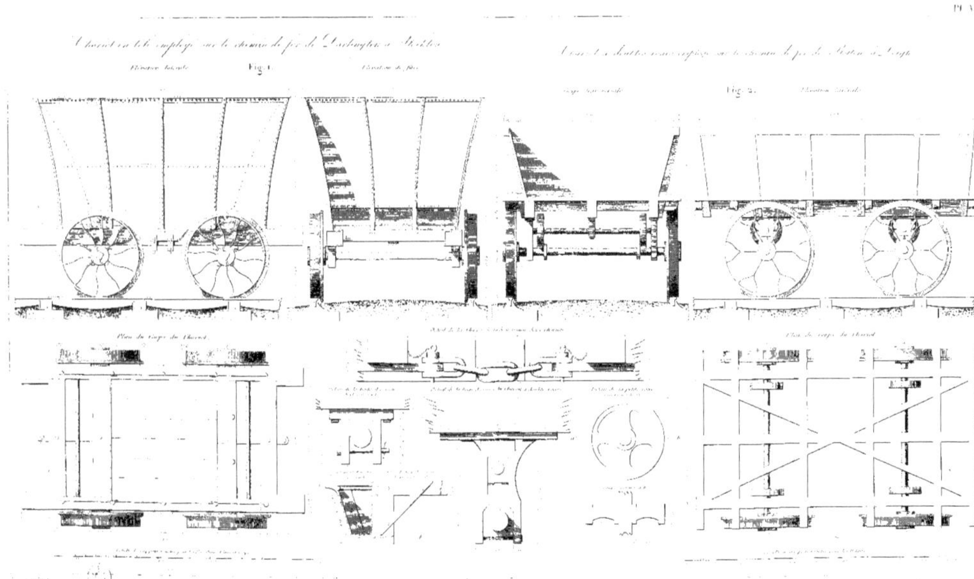
Pl. VIII.
Fig. 1.
Fig. 2.

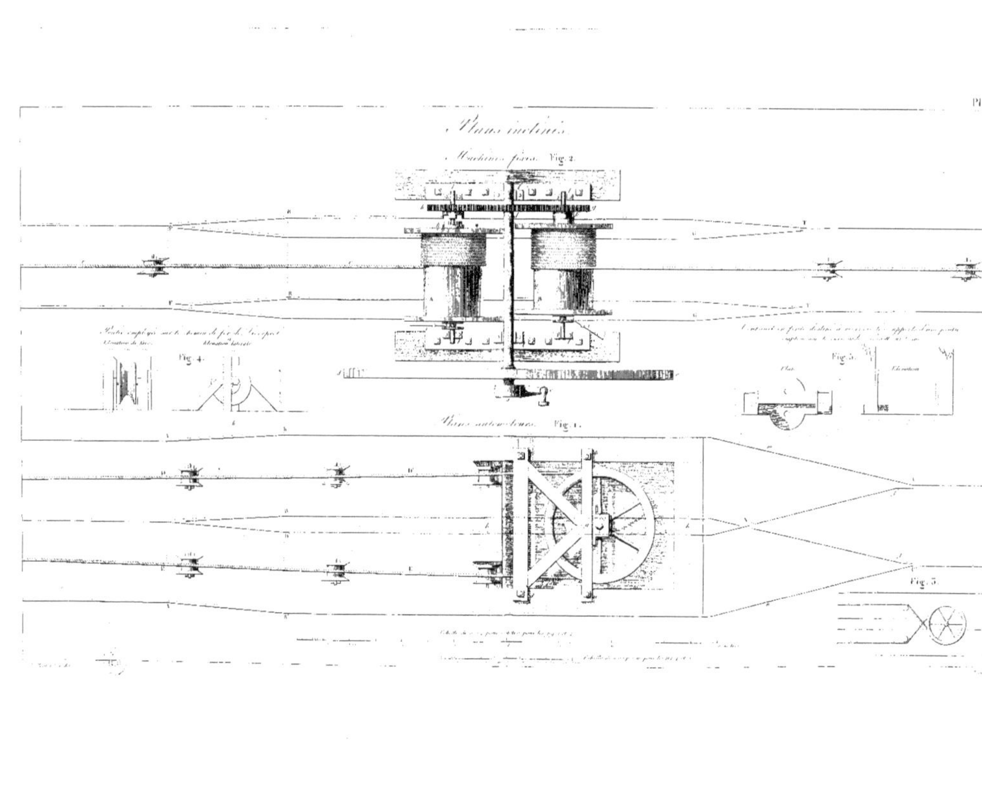
Plans inclinés.
Machines fixes. Fig. 2.
Fig. 4.
Fig. 5.
Plan
Élévation
Plans automoteurs. Fig. 1.
Fig. 3.

Pl. V.

Plans inclinés.

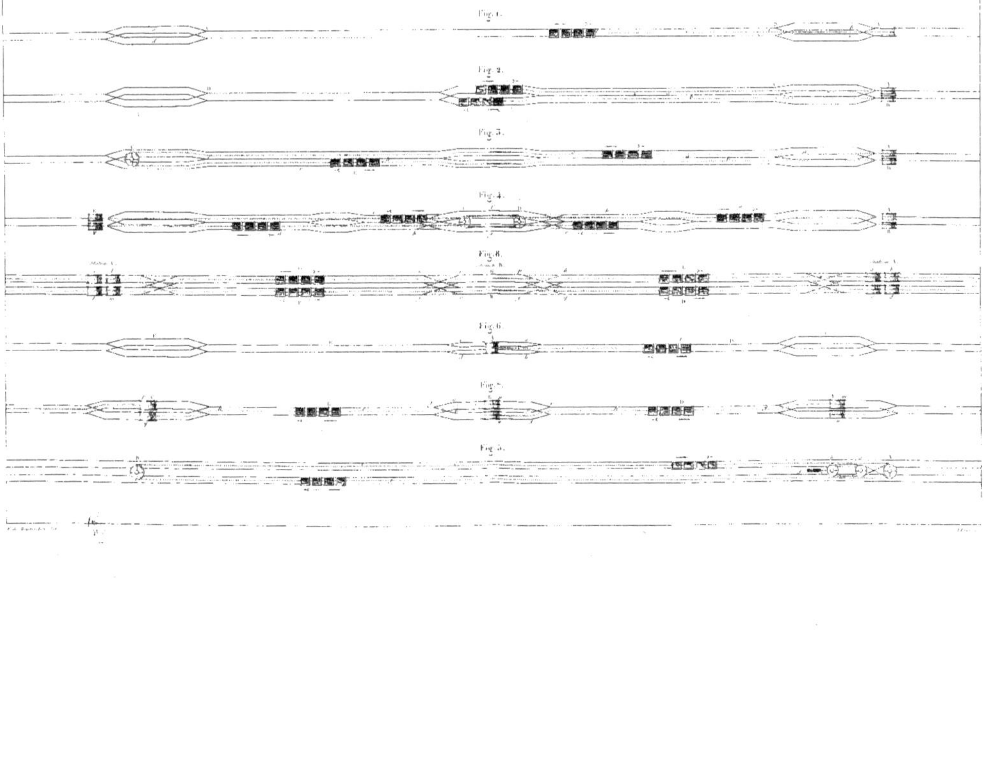

Fig. 1.

Fig. 2.

Fig. 3.

Fig. 4.

Fig. 8.

Fig. 6.

Fig. 7.

Fig. 5.

Pl. XI.

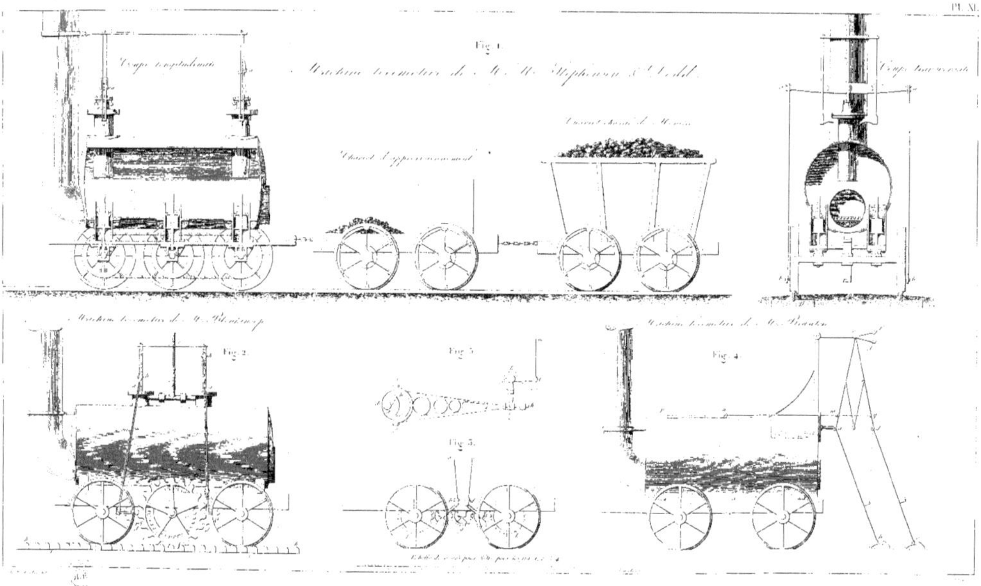

Fig. 1.

Machine locomotive de MM. Stephenson & Dodd.

Coupe longitudinale

Coupe transversale

Chariot d'approvisionnement

Machine locomotive de M. Blenkinsop

Fig. 2.

Fig. 3.

Fig. 5.

Machine locomotive de M. Brunton

Fig. 4.

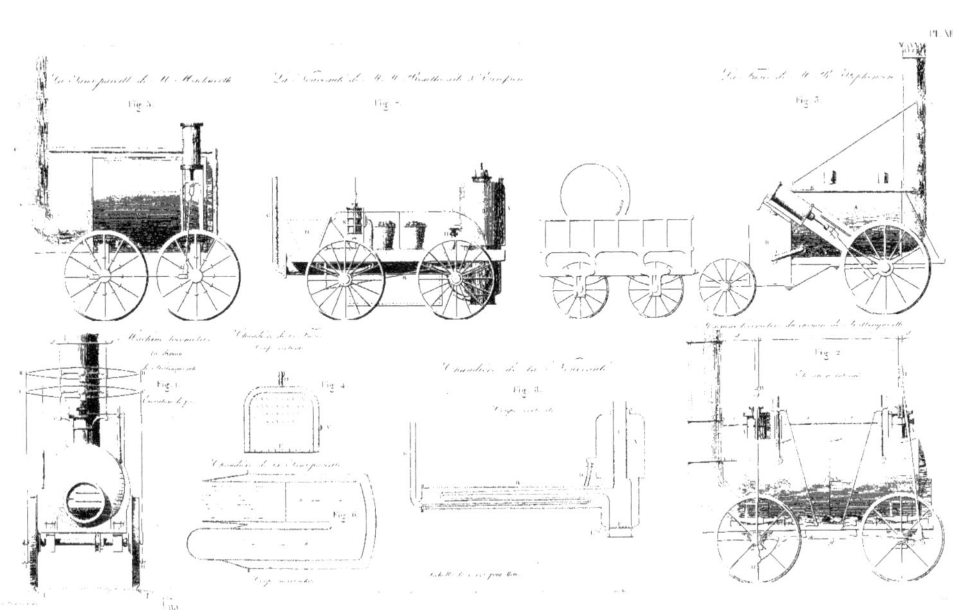

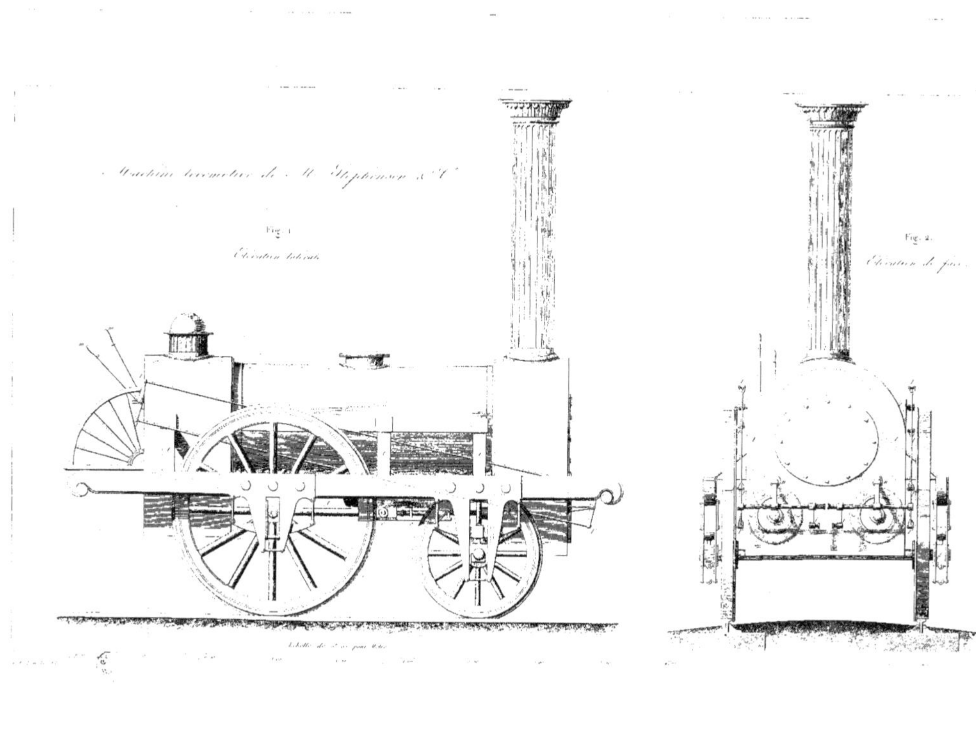
Machine locomotive de M. Stephenson & C.
Fig. 1
Élévation latérale
Fig. 2
Élévation de face

Pl. XIV.

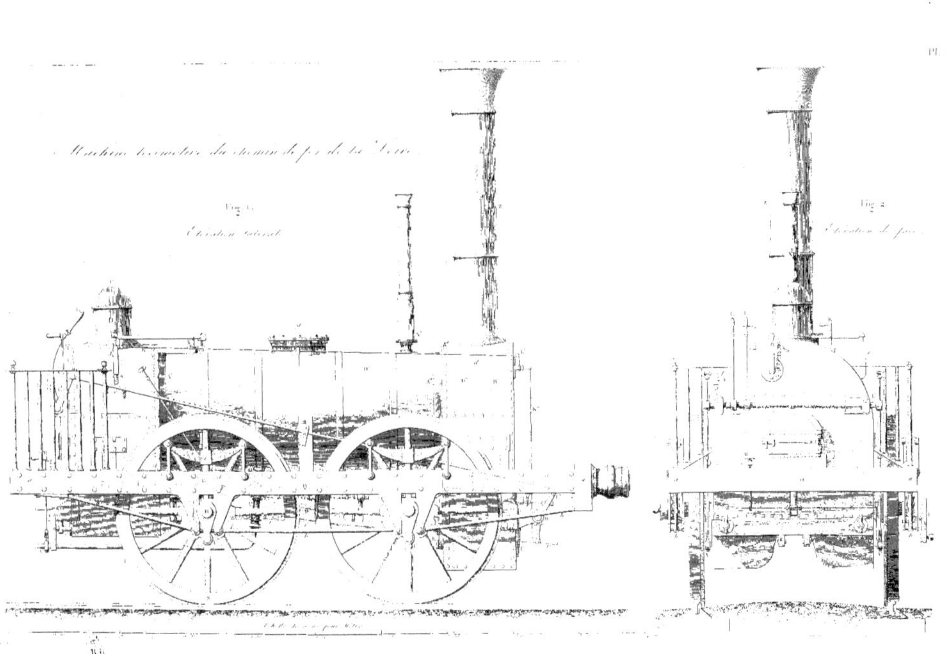

www.ingramcontent.com/pod-product-compliance
Ingram Content Group UK Ltd.
Pitfield, Milton Keynes, MK11 3LW, UK
UKHW020457180726
13839UKWH00004B/1816

9 782329 603384